MATH FACTS FOR
MINECRAFTERS

Multiplication & Division

grades 3-4

Illustrated by Amanda Brack

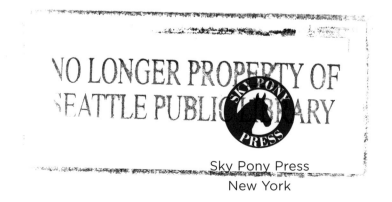

Sky Pony Press
New York

Sky Pony Press books may be purchased in bulk at special discounts for sales promotion, corporate gifts, fund-raising, or educational purposes. Special editions can also be created to specifications. For details, contact the Special Sales Department, Sky Pony Press, 307 West 36th Street, 11th Floor, New York, NY 10018 or info@skyhorsepublishing.com.

Sky Pony® is a registered trademark of Skyhorse Publishing, Inc.®, a Delaware corporation.

Minecraft® is a registered trademark of Notch Development AB.
The Minecraft game is copyright © Mojang AB.

Visit our website at www.skyponypress.com.

Authors, books, and more at SkyPonyPressBlog.com.

10 9 8 7 6 5 4 3 2 1

Library of Congress Cataloging-in-Publication Data is available on file.

Cover art by Bill Greenhead

Cover design by Brian Peterson

Interior art by Amanda Brack

Book design by Kevin Baier

Print ISBN: 978-1-5107-3092-2

Printed in China

A NOTE TO PARENTS

When you want to reinforce classroom skills at home, it's crucial to have kid-friendly learning materials. This *Math Facts for Minecrafters* workbook transforms math practice into an irresistible adventure complete with diamond swords, zombies, skeletons, and creepers. That means less arguing over math practice and more fun overall.

Math Facts for Minecrafters is also fully aligned with National Common Core Standards for 3rd and 4nd Grade Math. What does that mean, exactly? All of the problems in this book correspond to what your child is expected to learn in school. This eliminates confusion and builds confidence for greater academic success!

As the workbook progresses, the math practice sheets become more advanced. Encourage your child to progress at his or her own pace. Learning is best when students are challenged but not frustrated. What's most important is that your Minecrafter is engaged in his or her own learning.

To measure progress and determine your child's overall fluency in solving math facts, you may want to use a timer. A child who is fluent will usually be able to solve a math problem within approximately 3 seconds. Once your child can accurately and consistently complete a full 20-problem page in 60 seconds, he or she is fluent in that category of math facts.

Whether it's the joy of seeing their favorite game characters on every page or the thrill of seeing the progress they're making, this workbook is designed to entice even the most reluctant student.

Happy adventuring!

CONTENTS

MATH FACTS PROGRESS TRACKER

Date	Page Number or Skill Practiced	Number Correct in One Minute

MULTIPLICATION MATH FACTS WITH 2

1.   1
  x 2

2.   2
  x 2

3.   3
  x 2

4.   4
  x 2

5.   5
  x 2

6.   6
  x 2

7.   7
  x 2

8.   8
  x 2

9.   9
  x 2

10. 10
  x 2

11.   2
  x 1

12.   2
  x 5

13.   2
  x 3

14.   2
  x 6

15.   2
  x 8

16.   2
  x 4

17.   2
  x 0

18.   2
  x 7

19.   2
  x 10

20.   2
  x 9

MULTIPLICATION MATH FACTS WITH 2

1. 7
   x 2

2. 3
   x 2

3. 2
   x 2

4. 10
   x 2

5. 4
   x 2

6. 6
   x 2

7. 1
   x 2

8. 9
   x 2

9. 8
   x 2

10. 5
    x 2

11. 2
    x 3

12. 2
    x 7

13. 2
    x 1

14. 2
    x 10

15. 2
    x 8

16. 2
    x 4

17. 2
    x 0

18. 2
    x 5

19. 2
    x 9

20. 2
    x 6

DIVISION MATH FACTS WITH 2

1. 10
÷ 2
5

2. 2
÷ 2
1

3. 4
÷ 2
2

4. 8
÷ 2
4

5. 6
÷ 2
3

6. 2
÷ 1
2

7. 0
÷ 2
0

8. 12
÷ 2
6

9. 20
÷ 2
10

10. 40
÷ 2
30

11. 22
÷ 2

12. 18
÷ 2

13. 24
÷ 2

14. 80
÷ 2

15. 16
÷ 2

16. 14
÷ 2

17. 100
÷ 2

18. 60
÷ 2

19. 50
÷ 2

20. 26
÷ 2

DIVISION MATH FACTS WITH 2

1. 20
    ÷ 2

2. 0
    ÷ 2

3. 8
    ÷ 2

4. 18
    ÷ 2

5. 6
    ÷ 2

6. 22
    ÷ 2

7. 2
    ÷ 1

8. 24
    ÷ 2

9. 10
    ÷ 2

10. 14
     ÷ 2

11. 2
     ÷ 2

12. 100
     ÷ 2

13. 12
     ÷ 2

14. 50
     ÷ 2

15. 60
     ÷ 2

16. 4
     ÷ 2

17. 40
     ÷ 2

18. 16
     ÷ 2

19. 80
     ÷ 2

20. 26
     ÷ 2

MULTIPLICATION MATH FACTS WITH 5

1. 1
  x 5

2. 2
  x 5

3. 3
  x 5

4. 4
  x 5

5. 5
  x 5

6. 6
  x 5

7. 7
  x 5

8. 8
  x 5

9. 9
  x 5

10. 10
  x 5

11. 5
  x 1

12. 5
  x 6

13. 5
  x 3

14. 5
  x 2

15. 5
  x 8

16. 5
  x 4

17. 5
  x 0

18. 5
  x 7

19. 5
  x 10

20. 5
  x 9

MULTIPLICATION MATH FACTS WITH 5

1. 5
   x 9

2. 2
   x 5

3. 5
   x 1

4. 5
   x 6

5. 5
   x 3

6. 5
   x 7

7. 5
   x 8

8. 5
   x 4

9. 5
   x 0

10. 5
    x 2

11. 5
   x 10

12. 5
    x 5

13. 8
    x 5

14. 9
    x 5

15. 4
    x 5

16. 6
    x 5

17. 3
    x 5

18. 1
    x 5

19. 10
    x 5

20. 7
    x 5

DIVISION MATH FACTS WITH 5

1. 10
    ÷ 5

2. 30
    ÷ 5

3. 15
    ÷ 5

4. 5
    ÷ 5

5. 20
    ÷ 5

6. 5
    ÷ 1

7. 0
    ÷ 5

8. 25
    ÷ 5

9. 45
    ÷ 5

10. 30
    ÷ 5

11. 15
    ÷ 5

12. 20
    ÷ 5

13. 5
    ÷ 5

14. 40
    ÷ 5

15. 50
    ÷ 5

16. 55
    ÷ 5

17. 5
    ÷ 1

18. 35
    ÷ 5

19. 10
    ÷ 5

20. 60
    ÷ 5

DIVISION MATH FACTS WITH 5

1. 20 ÷ 5

2. 30 ÷ 5

3. 50 ÷ 5

4. 55 ÷ 5

5. 10 ÷ 5

6. 0 ÷ 5

7. 5 ÷ 1

8. 100 ÷ 5

9. 25 ÷ 5

10. 60 ÷ 5

11. 5 ÷ 5

12. 20 ÷ 5

13. 5 ÷ 1

14. 40 ÷ 5

15. 15 ÷ 5

16. 35 ÷ 5

17. 5 ÷ 5

18. 45 ÷ 5

19. 10 ÷ 5

20. 30 ÷ 5

MULTIPLICATION MATH FACTS WITH 10

1. $\begin{array}{r} 1 \\ \times 10 \\ \hline \end{array}$ 2. $\begin{array}{r} 2 \\ \times 10 \\ \hline \end{array}$ 3. $\begin{array}{r} 3 \\ \times 10 \\ \hline \end{array}$ 4. $\begin{array}{r} 4 \\ \times 10 \\ \hline \end{array}$ 5. $\begin{array}{r} 5 \\ \times 10 \\ \hline \end{array}$

6. $\begin{array}{r} 6 \\ \times 10 \\ \hline \end{array}$ 7. $\begin{array}{r} 7 \\ \times 10 \\ \hline \end{array}$ 8. $\begin{array}{r} 8 \\ \times 10 \\ \hline \end{array}$ 9. $\begin{array}{r} 9 \\ \times 10 \\ \hline \end{array}$ 10. $\begin{array}{r} 10 \\ \times 10 \\ \hline \end{array}$

11. $\begin{array}{r} 10 \\ \times 1 \\ \hline \end{array}$ 12. $\begin{array}{r} 10 \\ \times 6 \\ \hline \end{array}$ 13. $\begin{array}{r} 10 \\ \times 3 \\ \hline \end{array}$ 14. $\begin{array}{r} 10 \\ \times 2 \\ \hline \end{array}$ 15. $\begin{array}{r} 10 \\ \times 8 \\ \hline \end{array}$

16. $\begin{array}{r} 10 \\ \times 4 \\ \hline \end{array}$ 17. $\begin{array}{r} 10 \\ \times 0 \\ \hline \end{array}$ 18. $\begin{array}{r} 10 \\ \times 7 \\ \hline \end{array}$ 19. $\begin{array}{r} 10 \\ \times 10 \\ \hline \end{array}$ 20. $\begin{array}{r} 10 \\ \times 9 \\ \hline \end{array}$

MULTIPLICATION MATH FACTS WITH 10

1. 10
   x 6

2. 10
   x 1

3. 10
   x 3

4. 10
   x 2

5. 10
   x 8

6. 10
   x 0

7. 10
   x 4

8. 10
   x 7

9. 10
   x 10

10. 10
    x 9

11. 2
    x 10

12. 1
    x 10

13. 3
    x 10

14. 4
    x 10

15. 5
    x 10

16. 7
    x 10

17. 6
    x 10

18. 8
    x 10

19. 9
    x 10

20. 10
    x 10

DIVISION MATH FACTS WITH 10

1. $10 \div 10$

2. $10 \div 1$

3. $30 \div 10$

4. $80 \div 10$

5. $10 \div 5$

6. $50 \div 10$

7. $70 \div 10$

8. $40 \div 10$

9. $100 \div 10$

10. $20 \div 10$

11. $0 \div 10$

12. $90 \div 10$

13. $30 \div 10$

14. $60 \div 10$

15. $10 \div 2$

16. $80 \div 10$

17. $10 \div 1$

18. $50 \div 10$

19. $70 \div 10$

20. $200 \div 10$

DIVISION MATH FACTS WITH 10

1. 100 ÷ 10

2. 10 ÷ 2

3. 30 ÷ 10

4. 80 ÷ 10

5. 90 ÷ 10

6. 50 ÷ 10

7. 40 ÷ 10

8. 70 ÷ 10

9. 20 ÷ 10

10. 60 ÷ 10

11. 0 ÷ 10

12. 10 ÷ 10

13. 100 ÷ 10

14. 90 ÷ 10

15. 10 ÷ 1

16. 80 ÷ 10

17. 10 ÷ 5

18. 200 ÷ 10

19. 10 ÷ 10

20. 50 ÷ 10

MULTIPLICATION MATH FACTS WITH 0 AND 1

1. 7
    x 0

2. 10
    x 1

3. 2
    x 1

4. 9
    x 1

5. 7
    x 1

6. 6
    x 0

7. 3
    x 1

8. 1
    x 1

9. 4
    x 0

10. 10
    x 0

11. 8
    x 0

12. 0
    x 0

13. 2
    x 0

14. 6
    x 1

15. 8
    x 1

16. 9
    x 0

17. 1
    x 0

18. 3
    x 0

19. 5
    x 0

20. 4
    x 1

MULTIPLICATION MATH FACTS WITH 0 AND 1

1. 0
    x 0

2. 1
    x 1

3. 9
    x 1

4. 3
    x 1

5. 2
    x 1

6. 1
    x 0

7. 5
    x 1

8. 10
    x 1

9. 4
    x 0

10. 3
     x 0

11. 9
     x 0

12. 8
     x 0

13. 7
     x 1

14. 6
     x 1

15. 4
     x 1

16. 7
     x 0

17. 1
     x 10

18. 2
     x 0

19. 5
     x 0

20. 8
     x 1

DIVISION MATH FACTS WITH 0 AND 1

1. $0 \div 5$

2. $10 \div 1$

3. $0 \div 2$

4. $12 \div 1$

5. $0 \div 2$

6. $2 \div 1$

7. $0 \div 15$

8. $0 \div 4$

9. $4 \div 1$

10. $0 \div 6$

11. $1 \div 1$

12. $7 \div 1$

13. $0 \div 8$

14. $0 \div 1$

15. $0 \div 3$

16. $14 \div 1$

17. $0 \div 9$

18. $5 \div 1$

19. $20 \div 1$

20. $0 \div 10$

DIVISION MATH FACTS WITH 0 AND 1

1. 10
    ÷ 1

2. 0
    ÷ 1

3. 0
    ÷ 2

4. 8
    ÷ 1

5. 5
    ÷ 1

6. 2
    ÷ 1

7. 15
    ÷ 1

8. 0
    ÷ 3

9. 6
    ÷ 1

10. 0
     ÷ 10

11. 0
     ÷ 2

12. 12
     ÷ 1

13. 1
     ÷ 1

14. 0
     ÷ 5

15. 20
     ÷ 1

16. 4
     ÷ 1

17. 0
     ÷ 9

18. 0
     ÷ 5

19. 7
     ÷ 1

20. 0
     ÷ 4

MULTIPLICATION MATH FACTS WITH 3

1. $\begin{array}{r} 3 \\ \times 2 \\ \hline \end{array}$

2. $\begin{array}{r} 3 \\ \times 4 \\ \hline \end{array}$

3. $\begin{array}{r} 3 \\ \times 10 \\ \hline \end{array}$

4. $\begin{array}{r} 1 \\ \times 3 \\ \hline \end{array}$

5. $\begin{array}{r} 3 \\ \times 3 \\ \hline \end{array}$

6. $\begin{array}{r} 3 \\ \times 7 \\ \hline \end{array}$

7. $\begin{array}{r} 3 \\ \times 9 \\ \hline \end{array}$

8. $\begin{array}{r} 3 \\ \times 1 \\ \hline \end{array}$

9. $\begin{array}{r} 3 \\ \times 8 \\ \hline \end{array}$

10. $\begin{array}{r} 5 \\ \times 3 \\ \hline \end{array}$

11. $\begin{array}{r} 4 \\ \times 3 \\ \hline \end{array}$

12. $\begin{array}{r} 3 \\ \times 6 \\ \hline \end{array}$

13. $\begin{array}{r} 10 \\ \times 3 \\ \hline \end{array}$

14. $\begin{array}{r} 7 \\ \times 3 \\ \hline \end{array}$

15. $\begin{array}{r} 8 \\ \times 3 \\ \hline \end{array}$

16. $\begin{array}{r} 9 \\ \times 3 \\ \hline \end{array}$

17. $\begin{array}{r} 2 \\ \times 3 \\ \hline \end{array}$

18. $\begin{array}{r} 3 \\ \times 3 \\ \hline \end{array}$

19. $\begin{array}{r} 6 \\ \times 3 \\ \hline \end{array}$

20. $\begin{array}{r} 0 \\ \times 3 \\ \hline \end{array}$

MULTIPLICATION MATH FACTS WITH 3

1. 4
  x 3

2. 3
  x 6

3. 3
  x 1

4. 7
  x 3

5. 8
  x 3

6. 9
  x 3

7. 2
  x 3

8. 3
  x 3

9. 6
  x 3

10. 0
  x 3

11. 3
  x 2

12. 3
  x 4

13. 3
  x 5

14. 1
  x 3

15. 10
  x 3

16. 3
  x 7

17. 3
  x 9

18. 3
  x 1

19. 3
  x 8

20. 5
  x 3

DIVISION MATH FACTS WITH 3

1. 6
    ÷ 3

2. 15
    ÷ 3

3. 30
    ÷ 3

4. 3
    ÷ 1

5. 9
    ÷ 3

6. 15
    ÷ 3

7. 0
    ÷ 3

8. 24
    ÷ 3

9. 21
    ÷ 3

10. 18
     ÷ 3

11. 33
     ÷ 3

12. 36
     ÷ 3

13. 3
     ÷ 3

14. 27
     ÷ 3

15. 12
     ÷ 3

16. 60
     ÷ 3

17. 90
     ÷ 3

18. 15
     ÷ 3

19. 9
     ÷ 3

20. 24
     ÷ 3

DIVISION MATH FACTS WITH 3

1. 33 ÷ 3

2. 15 ÷ 3

3. 3 ÷ 3

4. 3 ÷ 1

5. 9 ÷ 3

6. 18 ÷ 3

7. 0 ÷ 3

8. 60 ÷ 3

9. 6 ÷ 3

10. 99 ÷ 3

11. 21 ÷ 3

12. 36 ÷ 3

13. 90 ÷ 3

14. 24 ÷ 3

15. 27 ÷ 3

16. 12 ÷ 3

17. 30 ÷ 3

18. 0 ÷ 3

19. 15 ÷ 3

20. 39 ÷ 3

MULTIPLICATION MATH FACTS WITH 4

1. 9
    x 4

2. 7
    x 4

3. 4
    x 4

4. 4
    x 3

5. 5
    x 4

6. 8
    x 4

7. 2
    x 4

8. 4
    x 6

9. 1
    x 4

10. 4
     x 0

11. 4
     x 2

12. 4
     x 1

13. 6
     x 4

14. 7
     x 4

15. 8
     x 4

16. 4
     x 10

17. 4
     x 9

18. 0
     x 4

19. 4
     x 8

20. 4
     x 4

MULTIPLICATION MATH FACTS WITH 4

1. 6
   x 4

2. 3
   x 4

3. 4
   x 4

4. 4
   x 2

5. 1
   x 4

6. 9
   x 4

7. 2
   x 4

8. 10
   x 4

9. 4
   x 6

10. 0
    x 4

11. 4
    x 7

12. 4
    x 9

13. 4
    x 1

14. 4
    x 8

15. 5
    x 4

16. 4
    x 4

17. 4
    x 6

18. 4
    x 3

19. 7
    x 4

20. 8
    x 4

DIVISION MATH FACTS WITH 4

1. 12
    ÷ 4

2. 8
    ÷ 4

3. 16
    ÷ 4

4. 48
    ÷ 4

5. 24
    ÷ 4

6. 20
    ÷ 4

7. 4
    ÷ 4

8. 40
    ÷ 4

9. 4
    ÷ 1

10. 44
    ÷ 4

11. 80
    ÷ 4

12. 36
    ÷ 4

13. 28
    ÷ 4

14. 0
    ÷ 4

15. 24
    ÷ 4

16. 32
    ÷ 4

17. 4
    ÷ 4

18. 12
    ÷ 4

19. 16
    ÷ 4

20. 60
    ÷ 4

DIVISION MATH FACTS WITH 4

1. 28 ÷ 4

2. 16 ÷ 4

3. 8 ÷ 4

4. 40 ÷ 4

5. 24 ÷ 4

6. 32 ÷ 4

7. 0 ÷ 4

8. 4 ÷ 4

9. 4 ÷ 1

10. 44 ÷ 4

11. 80 ÷ 4

12. 32 ÷ 4

13. 12 ÷ 4

14. 0 ÷ 4

15. 20 ÷ 4

16. 36 ÷ 4

17. 44 ÷ 4

18. 16 ÷ 4

19. 8 ÷ 4

20. 4 ÷ 4

MULTIPLICATION MATH FACTS WITH 6

1. 6
    x 2

2. 6
    x 4

3. 6
    x 6

4. 12
    x 6

5. 10
    x 6

6. 6
    x 7

7. 6
    x 9

8. 6
    x 1

9. 6
    x 8

10. 5
     x 6

11. 6
     x 6

12. 3
     x 6

13. 6
     x 0

14. 7
     x 6

15. 8
     x 6

16. 9
     x 6

17. 2
     x 6

18. 6
     x 3

19. 6
     x 11

20. 0
     x 6

MULTIPLICATION MATH FACTS WITH 6

1. 6
   x 6

2. 3
   x 6

3. 6
   x 1

4. 7
   x 6

5. 8
   x 6

6. 4
   x 6

7. 2
   x 6

8. 6
   x 3

9. 6
   x 12

10. 0
    x 6

11. 6
    x 2

12. 6
    x 5

13. 6
    x 11

14. 12
    x 6

15. 10
    x 6

16. 6
    x 9

17. 6
    x 7

18. 6
    x 10

19. 8
    x 6

20. 5
    x 6

DIVISION MATH FACTS WITH 6

1. $36 \div 6$

2. $42 \div 6$

3. $60 \div 6$

4. $6 \div 1$

5. $12 \div 6$

6. $18 \div 6$

7. $6 \div 6$

8. $54 \div 6$

9. $24 \div 6$

10. $72 \div 6$

11. $66 \div 6$

12. $30 \div 6$

13. $0 \div 6$

14. $48 \div 6$

15. $18 \div 6$

16. $60 \div 6$

17. $6 \div 1$

18. $42 \div 6$

19. $36 \div 6$

20. $54 \div 6$

DIVISION MATH FACTS WITH 6

1. 66
    ÷ 6

2. 30
    ÷ 6

3.   0
    ÷ 6

4. 48
    ÷ 6

5. 18
    ÷ 6

6. 60
    ÷ 6

7.   6
    ÷ 1

8. 42
    ÷ 6

9. 36
    ÷ 6

10. 54
    ÷ 6

11.   6
    ÷ 2

12. 42
    ÷ 6

13. 60
    ÷ 6

14.   6
    ÷ 3

15. 12
    ÷ 6

16. 18
    ÷ 6

17.   6
    ÷ 6

18. 54
    ÷ 6

19. 24
    ÷ 6

20. 72
    ÷ 6

MULTIPLICATION MATH FACTS WITH 7

1. 6
   × 7

2. 3
   × 7

3. 7
   × 1

4. 7
   × 5

5. 8
   × 7

6. 4
   × 7

7. 2
   × 7

8. 7
   × 3

9. 7
   × 12

10. 0
    × 7

11. 7
    × 2

12. 5
    × 7

13. 7
    × 11

14. 12
    × 7

15. 10
    × 7

16. 7
    × 9

17. 7
    × 7

18. 7
    × 10

19. 7
    × 8

20. 11
    × 7

MULTIPLICATION MATH FACTS WITH 7

1. 7
    × 2

2. 7
    × 4

3. 7
    × 7

4. 12
    × 7

5. 10
    × 7

6. 7
    × 3

7. 7
    × 9

8. 7
    × 1

9. 7
    × 8

10. 5
     × 7

11. 4
     × 7

12. 3
     × 7

13. 7
     × 10

14. 7
     × 5

15. 8
     × 7

16. 9
     × 7

17. 2
     × 7

18. 7
     × 3

19. 7
     × 11

20. 0
     × 7

DIVISION MATH FACTS WITH 7

1. 49
÷ 7

2. 42
÷ 7

3. 14
÷ 7

4. 28
÷ 7

5. 35
÷ 7

6. 70
÷ 7

7. 56
÷ 7

8. 7
÷ 1

9. 63
÷ 7

10. 77
÷ 7

11. 7
÷ 7

12. 21
÷ 7

13. 0
÷ 7

14. 49
÷ 7

15. 84
÷ 7

16. 14
÷ 7

17. 42
÷ 7

18. 35
÷ 7

19. 7
÷ 1

20. 70
÷ 7

DIVISION MATH FACTS WITH 7

1. 42
    ÷ 7
    ___

2. 63
    ÷ 7
    ___

3. 70
    ÷ 7
    ___

4. 49
    ÷ 7
    ___

5. 77
    ÷ 7
    ___

6. 14
    ÷ 7
    ___

7. 56
    ÷ 7
    ___

8. 7
    ÷ 1
    ___

9. 28
    ÷ 7
    ___

10. 35
    ÷ 7
    ___

11. 7
    ÷ 7
    ___

12. 21
    ÷ 7
    ___

13. 7
    ÷ 7
    ___

14. 70
    ÷ 7
    ___

15. 42
    ÷ 7
    ___

16. 0
    ÷ 7
    ___

17. 84
    ÷ 7
    ___

18. 49
    ÷ 7
    ___

19. 7
    ÷ 1
    ___

20. 70
    ÷ 7
    ___

MULTIPLICATION MATH FACTS WITH 8

1. 8
    × 2

2. 8
    × 4

3. 8
    × 8

4. 12
    × 8

5. 10
    × 8

6. 8
    × 3

7. 8
    × 9

8. 8
    × 1

9. 8
    × 0

10. 5
     × 8

11. 4
     × 8

12. 3
     × 8

13. 8
     × 10

14. 8
     × 5

15. 8
     × 8

16. 9
     × 8

17. 2
     × 8

18. 8
     × 3

19. 8
     × 11

20. 0
     × 8

MULTIPLICATION MATH FACTS WITH 8

1. 6
   x 8

2. 3
   x 8

3. 8
   x 1

4. 8
   x 11

5. 8
   x 8

6. 4
   x 8

7. 2
   x 8

8. 8
   x 3

9. 8
   x 12

10. 0
    x 8

11. 8
    x 2

12. 5
    x 8

13. 8
    x 11

14. 12
    x 8

15. 10
    x 8

16. 8
    x 9

17. 8
    x 8

18. 8
    x 10

19. 8
    x 1

20. 5
    x 8

DIVISION MATH FACTS WITH 8

1. 16 ÷ 8

2. 64 ÷ 8

3. 32 ÷ 8

4. 8 ÷ 1

5. 56 ÷ 8

6. 72 ÷ 8

7. 8 ÷ 8

8. 24 ÷ 8

9. 40 ÷ 8

10. 48 ÷ 8

11. 88 ÷ 8

12. 80 ÷ 8

13. 0 ÷ 8

14. 32 ÷ 8

15. 96 ÷ 8

16. 8 ÷ 4

17. 16 ÷ 8

18. 56 ÷ 8

19. 8 ÷ 2

20. 0 ÷ 8

DIVISION MATH FACTS WITH 8

1. 88
    ÷ 8

2. 80
    ÷ 8

3.   0
    ÷ 8

4. 32
    ÷ 8

5.   8
    ÷ 8

6.   8
    ÷ 2

7. 16
    ÷ 8

8. 56
    ÷ 8

9.   8
    ÷ 4

10. 0
    ÷ 8

11. 24
    ÷ 8

12. 96
    ÷ 8

13. 64
    ÷ 8

14. 40
    ÷ 8

15. 48
    ÷ 8

16. 8
    ÷ 8

17. 64
    ÷ 8

18. 32
    ÷ 8

19. 8
    ÷ 1

20. 56
    ÷ 8

MULTIPLICATION MATH FACTS WITH 9

1. 6
   x 9

2. 3
   x 9

3. 9
   x 1

4. 9
   x 11

5. 9
   x 9

6. 4
   x 9

7. 2
   x 9

8. 9
   x 3

9. 9
   x 12

10. 0
    x 9

11. 9
    x 2

12. 5
    x 9

13. 9
    x 11

14. 12
    x 9

15. 10
    x 9

16. 9
    x 9

17. 1
    x 9

18. 9
    x 10

19. 9
    x 4

20. 5
    x 9

MULTIPLICATION MATH FACTS WITH 9

1. 9
   x 2

2. 9
   x 4

3. 9
   x 9

4. 12
   x 9

5. 10
   x 9

6. 9
   x 3

7. 8
   x 9

8. 9
   x 1

9. 9
   x 0

10. 5
    x 9

11. 4
    x 9

12. 3
    x 9

13. 9
    x 10

14. 9
    x 5

15. 9
    x 9

16. 9
    x 8

17. 2
    x 9

18. 9
    x 3

19. 9
    x 11

20. 0
    x 9

DIVISION MATH FACTS WITH 9

1. 90 ÷ 9

2. 27 ÷ 9

3. 81 ÷ 9

4. 99 ÷ 9

5. 72 ÷ 9

6. 9 ÷ 9

7. 36 ÷ 9

8. 54 ÷ 9

9. 45 ÷ 9

10. 9 ÷ 1

11. 0 ÷ 9

12. 18 ÷ 9

13. 108 ÷ 9

14. 63 ÷ 9

15. 27 ÷ 9

16. 72 ÷ 9

17. 54 ÷ 9

18. 0 ÷ 9

19. 9 ÷ 1

20. 45 ÷ 9

DIVISION MATH FACTS WITH 9

1. $99 \div 9$

2. $18 \div 9$

3. $108 \div 9$

4. $63 \div 9$

5. $27 \div 9$

6. $81 \div 9$

7. $54 \div 9$

8. $0 \div 9$

9. $9 \div 1$

10. $45 \div 9$

11. $9 \div 9$

12. $27 \div 9$

13. $72 \div 9$

14. $0 \div 9$

15. $90 \div 9$

16. $18 \div 9$

17. $36 \div 9$

18. $54 \div 9$

19. $45 \div 9$

20. $9 \div 3$

MATH FACTS REVIEW MULTIPLICATION

1. 4
    x 8

2. 9
    x 4

3. 2
    x 2

4. 6
    x 2

5. 7
    x 5

6. 5
    x 5

7. 3
    x 2

8. 2
    x 8

9. 9
    x 2

10. 3
     x 1

11. 8
     x 3

12. 8
     x 7

13. 6
     x 8

14. 9
     x 9

15. 7
     x 4

16. 3
     x 4

17. 4
     x 4

18. 6
     x 0

19. 10
     x 1

20. 5
     x 4

MATH FACTS REVIEW
MULTIPLICATION

1. 5
   x 2

2. 7
   x 7

3. 4
   x 2

4. 6
   x 4

5. 6
   x 6

6. 3
   x 6

7. 7
   x 2

8. 5
   x 4

9. 1
   x 9

10. 7
    x 9

11. 8
    x 9

12. 12
    x 3

13. 11
    x 2

14. 2
    x 2

15. 8
    x 8

16. 4
    x 7

17. 5
    x 5

18. 9
    x 3

19. 12
    x 2

20. 4
    x 4

MATH FACTS REVIEW MULTIPLICATION

1. 5
    x 6

2. 7
    x 8

3. 9
    x 7

4. 6
    x 6

5. 1
    x 3

6. 5
    x 9

7. 8
    x 8

8. 3
    x 4

9. 10
    x 3

10. 9
     x 9

11. 5
     x 5

12. 3
     x 3

13. 9
     x 8

14. 7
     x 6

15. 6
     x 4

16. 7
     x 4

17. 9
     x 8

18. 8
     x 5

19. 2
     x 3

20. 4
     x 4

MATH FACTS REVIEW MULTIPLICATION

1. 4
   × 9

2. 9
   × 5

3. 3
   × 2

4. 6
   × 3

5. 7
   × 6

6. 5
   × 6

7. 3
   × 3

8. 2
   × 9

9. 5
   × 2

10. 4
   × 1

11. 8
   × 0

12. 8
   × 7

13. 6
   × 4

14. 9
   × 9

15. 7
   × 5

16. 3
   × 3

17. 4
   × 5

18. 6
   × 1

19. 10
   × 2

20. 5
   × 8

MYSTERY NUMBER MULTIPLICATION MATH FACTS

Example:

1. 5
    x 6
    ———
    30

2. ☐
    x 8
    ———
    56

3. 9
    x 7
    ———
    ☐

4. 6
    x ☐
    ———
    36

5. 1
    x ☐
    ———
    3

6. ☐
    x 5
    ———
    45

7. 8
    x ☐
    ———
    64

8. 8
    x ☐
    ———
    24

9. ☐
    x 3
    ———
    9

10. ☐
    x 9
    ———
    81

11. 5
    x ☐
    ———
    25

12. ☐
    x 3
    ———
    9

13. 9
    x ☐
    ———
    72

14. ☐
    x 6
    ———
    42

15. 6
    x 4
    ———
    ☐

16. 7
    x ☐
    ———
    28

17. 9
    x ☐
    ———
    36

18. 8
    x 5
    ———
    ☐

19. ☐
    x 3
    ———
    6

20. 4
    x ☐
    ———
    16

MATH FACTS REVIEW
DIVISION

1. 36
    ÷ 9

2. 45
    ÷ 5

3. 16
    ÷ 2

4. 18
    ÷ 3

5. 42
    ÷ 7

6. 30
    ÷ 6

7. 81
    ÷ 9

8. 72
    ÷ 9

9. 15
    ÷ 3

10. 0
     ÷ 4

11. 12
     ÷ 1

12. 56
     ÷ 7

13. 24
     ÷ 4

14. 24
     ÷ 3

15. 35
     ÷ 7

16. 99
     ÷ 11

17. 20
     ÷ 4

18. 50
     ÷ 10

19. 48
     ÷ 8

20. 40
     ÷ 5

MATH FACTS
REVIEW DIVISION

1. 27 ÷ 9

2. 40 ÷ 5

3. 16 ÷ 8

4. 18 ÷ 6

5. 42 ÷ 6

6. 36 ÷ 6

7. 81 ÷ 9

8. 72 ÷ 9

9. 15 ÷ 5

10. 0 ÷ 6

11. 10 ÷ 1

12. 49 ÷ 7

13. 24 ÷ 6

14. 24 ÷ 3

15. 35 ÷ 7

16. 9 ÷ 3

17. 20 ÷ 5

18. 70 ÷ 10

19. 48 ÷ 8

20. 45 ÷ 5

MATH FACTS
REVIEW DIVISION

1. $10 \div 2$

2. $42 \div 7$

3. $24 \div 6$

4. $24 \div 3$

5. $35 \div 5$

6. $9 \div 9$

7. $20 \div 4$

8. $70 \div 10$

9. $40 \div 8$

10. $45 \div 5$

11. $54 \div 9$

12. $55 \div 5$

13. $16 \div 8$

14. $18 \div 6$

15. $48 \div 6$

16. $30 \div 6$

17. $32 \div 8$

18. $72 \div 9$

19. $25 \div 5$

20. $36 \div 12$

MATH FACTS
REVIEW DIVISION

1. 100 ÷ 10

2. 21 ÷ 7

3. 54 ÷ 6

4. 27 ÷ 3

5. 30 ÷ 5

6. 4 ÷ 4

7. 0 ÷ 1

8. 10 ÷ 10

9. 40 ÷ 4

10. 55 ÷ 5

11. 72 ÷ 9

12. 40 ÷ 5

13. 12 ÷ 3

14. 18 ÷ 3

15. 42 ÷ 6

16. 18 ÷ 6

17. 64 ÷ 8

18. 81 ÷ 9

19. 24 ÷ 2

20. 16 ÷ 4

MYSTERY NUMBER DIVISION MATH FACTS

1. 32 ÷ ☐ = 8

2. ☐ ÷ 5 = 9

3. 9 ÷ 3 = ☐

4. ☐ ÷ 3 = 6

5. 42 ÷ ☐ = 6

6. 30 ÷ 3 = ☐

7. 15 ÷ ☐ = 5

8. 18 ÷ ☐ = 9

9. 10 ÷ ☐ = 10

10. 40 ÷ ☐ = 4

11. 8 ÷ ☐ = 4

12. ☐ ÷ 7 = 8

13. ☐ ÷ 4 = 6

14. 9 ÷ 9 = ☐

15. ☐ ÷ 5 = 6

16. 81 ÷ 9 = ☐

17. ☐ ÷ 5 = 2

18. 36 ÷ ☐ = 6

19. 100 ÷ ☐ = 10

20. ☐ ÷ 8 = 5

ANSWERS

PAGE 6

1. 2
2. 4
3. 6
4. 8
5. 10
6. 12
7. 14
8. 16
9. 18
10. 20
11. 2
12. 10
13. 6
14. 12
15. 16
16. 8
17. 0
18. 14
19. 20
20. 18

PAGE 7

1. 14
2. 6
3. 4
4. 20
5. 8
6. 12
7. 2
8. 18
9. 16
10. 10
11. 6
12. 14
13. 2
14. 20
15. 16
16. 8
17. 0
18. 10
19. 18
20. 12

PAGE 8

1. 5
2. 1
3. 2
4. 4
5. 3
6. 2
7. 0
8. 6
9. 10
10. 20
11. 11
12. 9
13. 12
14. 40
15. 8
16. 7
17. 50
18. 30
19. 25
20. 13

PAGE 9

1. 10
2. 0
3. 4
4. 9
5. 3
6. 11
7. 2
8. 12
9. 5
10. 7
11. 1
12. 50
13. 6
14. 25
15. 30
16. 2
17. 20
18. 8
19. 40
20. 13

PAGE 10

1. 5
2. 10
3. 15
4. 20
5. 25
6. 30
7. 35
8. 40
9. 45
10. 50
11. 5
12. 30
13. 15
14. 10
15. 40
16. 20
17. 0
18. 35
19. 50
20. 45

PAGE 11

1. 45
2. 10
3. 5
4. 30
5. 15
6. 35
7. 40
8. 20
9. 0
10. 10
11. 50
12. 25
13. 40
14. 45
15. 20
16. 30
17. 15
18. 5
19. 50
20. 35

PAGE 12

1. 2
2. 6
3. 3
4. 1
5. 4
6. 5
7. 0
8. 5
9. 9
10. 6
11. 3
12. 4
13. 1
14. 8
15. 10
16. 11
17. 5
18. 7
19. 2
20. 12

PAGE 13

1. 4
2. 6
3. 10
4. 11
5. 2
6. 0
7. 5
8. 20
9. 5
10. 12
11. 1
12. 4
13. 5
14. 8
15. 3
16. 7
17. 1
18. 9
19. 2
20. 6

PAGE 14

1. 10
2. 20
3. 30
4. 40
5. 50
6. 60
7. 70
8. 80
9. 90
10. 100
11. 10
12. 60
13. 30
14. 20
15. 80
16. 40
17. 0
18. 70
19. 100
20. 90

PAGE 15

1. 60
2. 10
3. 30
4. 20
5. 80
6. 0
7. 40
8. 70
9. 100
10. 90
11. 20
12. 10
13. 30
14. 40
15. 50
16. 70
17. 60
18. 80
19. 90
20. 100

PAGE 16

1. 1
2. 10
3. 3
4. 8
5. 2
6. 5
7. 7
8. 4
9. 10
10. 2
11. 0
12. 9
13. 3
14. 6
15. 5
16. 8
17. 10
18. 5
19. 7
20. 20

PAGE 17

1. 10
2. 5
3. 3
4. 8
5. 9
6. 5
7. 4
8. 7
9. 2
10. 6
11. 0
12. 1
13. 10
14. 9
15. 10
16. 8
17. 2
18. 20
19. 1
20. 5

PAGE 18

1. 0
2. 10
3. 2
4. 9
5. 7
6. 0
7. 3
8. 1
9. 0
10. 0
11. 0
12. 0
13. 0
14. 6
15. 8
16. 0
17. 0
18. 0
19. 0
20. 4

PAGE 19

1. 0
2. 1
3. 9
4. 3
5. 2
6. 0
7. 5
8. 10
9. 0
10. 0
11. 0
12. 0
13. 7
14. 6
15. 4
16. 0
17. 10
18. 0
19. 0
20. 8

PAGE 20

1. 0
2. 10
3. 0
4. 12
5. 0
6. 2
7. 0
8. 0
9. 4
10. 0
11. 1
12. 7
13. 0
14. 0
15. 0
16. 14
17. 0
18. 5
19. 20
20. 0

PAGE 21

1. 10
2. 0
3. 0
4. 8
5. 5
6. 2
7. 15
8. 0
9. 6
10. 0
11. 0
12. 12
13. 1
14. 0
15. 20
16. 4
17. 0
18. 0
19. 7
20. 0

PAGE 22

1. 6
2. 12
3. 30
4. 3
5. 9
6. 21
7. 27
8. 3
9. 24
10. 15
11. 12
12. 18
13. 30
14. 21
15. 24
16. 27
17. 6
18. 9
19. 18
20. 0

PAGE 23

1. 12
2. 18
3. 3
4. 21
5. 24
6. 27
7. 6
8. 9
9. 18
10. 0
11. 6
12. 12
13. 15
14. 3
15. 30
16. 21
17. 27
18. 3
19. 24
20. 15

PAGE 24

1. 2
2. 5
3. 10
4. 3
5. 3
6. 5
7. 0
8. 8
9. 7
10. 6
11. 11
12. 12
13. 1
14. 9
15. 4
16. 20
17. 30
18. 5
19. 3
20. 8

PAGE 25

1. 11
2. 5
3. 1
4. 3
5. 3
6. 6
7. 0
8. 20
9. 2
10. 33
11. 7
12. 12
13. 30
14. 8
15. 9
16. 4
17. 10
18. 0
19. 5
20. 13

PAGE 26

1. 36
2. 28
3. 16
4. 12
5. 20
6. 32
7. 8
8. 24
9. 4
10. 0
11. 8
12. 4
13. 24
14. 28
15. 32
16. 40
17. 36
18. 0
19. 32
20. 16

PAGE 27

1. 24
2. 12
3. 16
4. 8
5. 4
6. 36
7. 8
8. 40
9. 24
10. 0
11. 28
12. 36
13. 4
14. 32
15. 20
16. 16
17. 24
18. 12
19. 28
20. 32

PAGE 28

1. 3
2. 2
3. 4
4. 12
5. 6
6. 5
7. 1
8. 10
9. 4
10. 11
11. 20
12. 9
13. 7
14. 0
15. 6
16. 8
17. 1
18. 3
19. 4
20. 15

PAGE 29

1. 7
2. 4
3. 2
4. 10
5. 6
6. 8
7. 0
8. 1
9. 4
10. 11
11. 20
12. 8
13. 3
14. 0
15. 5
16. 9
17. 11
18. 4
19. 2
20. 1

PAGE 30

1. 12
2. 24
3. 36
4. 72
5. 60
6. 42
7. 54
8. 6
9. 48
10. 30
11. 36
12. 18
13. 0
14. 42
15. 48
16. 54
17. 12
18. 18
19. 66
20. 0

PAGE 31

1. 36
2. 18
3. 6
4. 42
5. 48
6. 24
7. 12
8. 18
9. 72
10. 0
11. 12
12. 30
13. 66
14. 72
15. 60
16. 54
17. 42
18. 60
19. 48
20. 30

PAGE 32

1. 6
2. 7
3. 10
4. 6
5. 2
6. 3
7. 1
8. 9
9. 4
10. 12
11. 11
12. 5
13. 0
14. 8
15. 3
16. 10
17. 6
18. 7
19. 6
20. 9

PAGE 33

1. 11
2. 5
3. 0
4. 8
5. 3
6. 10
7. 6
8. 7
9. 6
10. 9
11. 3
12. 7
13. 10
14. 2
15. 2
16. 3
17. 1
18. 9
19. 4
20. 12

PAGE 34

1. 42
2. 21
3. 7
4. 35
5. 56
6. 28
7. 14
8. 21
9. 84
10. 0
11. 14
12. 35
13. 77
14. 84
15. 70
16. 63
17. 49
18. 70
19. 56
20. 77

PAGE 35

1. 14
2. 28
3. 49
4. 84
5. 70
6. 21
7. 63
8. 7
9. 56
10. 35
11. 28
12. 21
13. 70
14. 35
15. 56
16. 63
17. 14
18. 21
19. 77
20. 0

PAGE 36

1. 7
2. 6
3. 2
4. 4
5. 5
6. 10
7. 8
8. 7
9. 9
10. 11
11. 1
12. 3
13. 0
14. 7
15. 12
16. 2
17. 6
18. 5
19. 7
20. 10

PAGE 37

1. 6
2. 9
3. 10
4. 7
5. 11
6. 2
7. 8
8. 7
9. 4
10. 5
11. 1
12. 3
13. 0
14. 10
15. 6
16. 0
17. 12
18. 7
19. 7
20. 10

PAGE 38

1. 16
2. 32
3. 64
4. 96
5. 80
6. 24
7. 72
8. 8
9. 0
10. 40
11. 32
12. 24
13. 80
14. 40
15. 64
16. 72
17. 16
18. 24
19. 88
20. 0

PAGE 39

1. 48
2. 24
3. 8
4. 88
5. 64
6. 32
7. 16
8. 24
9. 96
10. 0
11. 16
12. 40
13. 88
14. 96
15. 80
16. 72
17. 64
18. 80
19. 8
20. 40

PAGE 40

1. 2
2. 8
3. 4
4. 8
5. 7
6. 9
7. 1
8. 3
9. 5
10. 6
11. 11
12. 10
13. 0
14. 4
15. 12
16. 2
17. 2
18. 7
19. 4
20. 0

PAGE 41

1. 11
2. 10
3. 0
4. 4
5. 1
6. 4
7. 2
8. 7
9. 2
10. 0
11. 3
12. 12
13. 8
14. 5
15. 6
16. 1
17. 8
18. 4
19. 8
20. 7

PAGE 42

1. 54
2. 27
3. 9
4. 99
5. 81
6. 36
7. 18
8. 27
9. 108
10. 0
11. 18
12. 45
13. 99
14. 108
15. 90
16. 81
17. 9
18. 90
19. 36
20. 45

PAGE 43

1. 18
2. 36
3. 81
4. 108
5. 90
6. 27
7. 72
8. 9
9. 0
10. 45
11. 36
12. 27
13. 90
14. 45
15. 81
16. 72
17. 18
18. 27
19. 99
20. 0

PAGE 44

1. 10
2. 3
3. 9
4. 11
5. 8
6. 1
7. 4
8. 6
9. 5
10. 9
11. 0
12. 2
13. 12
14. 7
15. 3
16. 8
17. 6
18. 0
19. 9
20. 5

PAGE 45

1. 11
2. 2
3. 12
4. 7
5. 3
6. 9
7. 6
8. 0
9. 9
10. 5
11. 1
12. 3
13. 8
14. 0
15. 10
16. 2
17. 4
18. 6
19. 5
20. 3

PAGE 46

1. 32
2. 36
3. 4
4. 12
5. 35
6. 25
7. 6
8. 16
9. 18
10. 3
11. 24
12. 56
13. 48
14. 81
15. 28
16. 12
17. 16
18. 0
19. 10
20. 20

PAGE 47

1. 10
2. 49
3. 8
4. 24
5. 36
6. 18
7. 14
8. 20
9. 9
10. 63
11. 72
12. 36
13. 22
14. 4
15. 64
16. 28
17. 25
18. 27
19. 24
20. 16

PAGE 48

1. 30
2. 56
3. 63
4. 36
5. 3
6. 45
7. 64
8. 12
9. 30
10. 81
11. 25
12. 9
13. 72
14. 42
15. 24
16. 28
17. 72
18. 40
19. 6
20. 16

PAGE 49

1. 36
2. 45
3. 6
4. 18
5. 42
6. 30
7. 9
8. 18
9. 10
10. 4
11. 0
12. 56
13. 24
14. 81
15. 35
16. 9
17. 20
18. 6
19. 20
20. 40

PAGE 50

1. 6
2. 7
3. 63
4. 6
5. 3
6. 9
7. 8
8. 3
9. 3
10. 9
11. 5
12. 3
13. 8
14. 7
15. 24
16. 4
17. 4
18. 40
19. 2
20. 4

PAGE 51

1. 4
2. 9
3. 8
4. 6
5. 6
6. 5
7. 9
8. 8
9. 5
10. 0
11. 12
12. 8
13. 6
14. 8
15. 5
16. 9
17. 5
18. 5
19. 6
20. 8

PAGE 52

1. 3
2. 8
3. 2
4. 3
5. 7
6. 6
7. 9
8. 8
9. 3
10. 0
11. 10
12. 7
13. 4
14. 8
15. 7
16. 3
17. 4
18. 7
19. 6
20. 9

PAGE 53

1. 5
2. 6
3. 4
4. 8
5. 7
6. 1
7. 5
8. 7
9. 5
10. 9
11. 6
12. 11
13. 2
14. 3
15. 8
16. 5
17. 4
18. 8
19. 5
20. 3

PAGE 54

1. 10
2. 3
3. 9
4. 9
5. 6
6. 1
7. 0
8. 1
9. 10
10. 11
11. 8
12. 8
13. 4
14. 6
15. 7
16. 3
17. 8
18. 9
19. 12
20. 4

PAGE 55

1. 4
2. 45
3. 3
4. 18
5. 7
6. 10
7. 3
8. 2
9. 1
10. 10
11. 2
12. 56
13. 24
14. 1
15. 30
16. 9
17. 10
18. 6
19. 10
20. 40